Kunstvolle Köstlichkeiten

farbig - aromatisch - kreativ

1. Auflage, Februar 2021

Bilder und Fotos: Fränkische Künstler im Atelier 20, ekkehardt-hofmann.de
Gestaltung und Satz: Wolf-Dieter Domke, www.wddomke.de
Druck: Wifa Druck Lauermann Inh. Bernd Kuznik; www.wifadruck.de

ISBN: 978-3-9332 884-52-8

Vorwort

- Kunstvolle Köstlichkeiten - was hat Aquarellmalen mit Kochen zu tun ?

Grundsätzlich könnte man sagen, beides hat mit Kreativität zu tun. Richtig, aber daraus entsteht noch kein Kochbuch! Aber wie kommt es dann dazu?

Der Freundeskreis Fränkischer Künstler im Atelier 20 trifft sich seit über 20 Jahren in unregelmäßigen Abständen zum Malen in Leutershausen. Da diese Treffen immer mittwochs stattfinden, hat sich der Name „Mittwochsmaler“ ergeben. Nach dem intensiven Malen zu einem bestimmten Thema sitzt man dann logischerweise noch etwas zusammen, malt dann verbal noch weiter oder diskutiert über die verschiedensten Themen.
Und zu diesem gemütlichen Zusammensitzen gehörten natürlich etwas zu trinken und ein kleiner Imbiss. So haben immer diejenigen, die Geburtstag oder sonstige Feierlichkeiten hatten, eine kulinarische Köstlichkeit mitgebracht. Diese Essensbeiträge wurden dann immer mit der Frage begleitet: Kannst Du mir mal das Rezept geben?
So entstand über Jahre der Austausch von Lieblingsrezepten und letztendlich die Idee, eine Sammlung von Kochkunst und Aquarellbildern zu schaffen, die mit ihren Aromen und Farben zum Nachmachen und Ausprobieren anregen sollen. Ein echtes Produkt von Gruppendynamik.

Alle Maler und Malerinnen aus der Mittwochsgruppe freuen sich, auf diesem Weg und nach langer Ideenfindung und Vorarbeit Malen und Genuss zusammengefaßt zu haben und wünschen viel Spaß beim Betrachten der Bilder und dem Ausprobieren der Lieblingsrezepte und guten Appetit beim Genuss der kulinarischen Köstlichkeiten.

Ekkehardt Hofmann
und alle Mitgestalter dieses Buches

Christa Marquardt

Chinesische Suppe
mit Glasnudeln

Zutaten für 4 Personen:

500 g Schweinefleisch (oder Hühnerfleisch) geschnetzelt, 100 g Glasnudeln, 40 g getrocknete Morcheln, 250 g grüne Bohnen, 100 g Erdnüsse (geröstet und gesalzen), 300 g Chinakohl (oder Weißkohl), rote oder grüne Peperoni (je nach Schärfe), Sojasoße, Salz, Pfeffer

Morcheln in warmem Wasser einweichen und dann in Streifen schneiden, Glasnudeln in heißem Wasser einweichen und mit einer Schere in ca. 5 cm Länge schneiden, dann abgießen.
Bohnen in mundgerechte Stücke schneiden, Erdnüsse evtl. etwas zerkleinern, Chinakohl in Streifen schneiden, Peperoni in Ringe schneiden.
1 ½ l Wasser mit Sojasoße, Salz, Pfeffer abschmecken und aufkochen, Fleisch dazugeben und aufkochen, anschließend Glasnudeln, Morcheln, Bohnen (evtl. Weißkohl) und Peperoni dazugeben, aufkochen und Hitze reduzieren bis Gemüse und Glasnudeln fertig sind. Erdnüsse dazugeben, mit Sojasoße (oder Fischsoße – muss nicht sein - ich mag das), Salz und Pfeffer abschmecken.
Chinakohl auf den Tellern verteilen und mit Suppe aufgießen.
Restliche Peperoni für persönliche Schärfe auf den Tisch geben

Doris Wäger

Chutney aus grünen Tomaten
à la Oma Lotte

3 kg unreife, grüne Tomaten, 1 kg Zwiebeln, mind. 6 EL Salz, 1 l Weinessig, 250 g Datteln, 1 kg Zucker, 1-2 EL Mehl, 2 EL mittelscharfer Senf, 1 EL Currypulver, 1 EL Cayennepfeffer, 1 EL Curcuma, 1-2 EL frischen Ingwer

Die Tomaten und die Zwiebeln in kleine Würfel schneiden, mit dem Salz bestreuen und gut vermengen. Die Mischung über Nacht bei Zimmertemperatur ziehen lassen und am nächsten Tag gut ausdrücken. Datteln kleinschneiden und zusammen mit dem Weinessig und dem Zucker in die Masse geben und ca. eine 3/4 Stunde köcheln lassen. Dabei immer wieder umrühren. Das Mehl, Gewürze und Senf hinzugeben und mit den Tomaten die letzten 10 Minuten mitkochen lassen. Noch kochend heiß in Gläser füllen.
Variante: Schmeckt auch mit Zucchini anstatt grünen Tomaten.

Inge Bornebusch

Fröhlicher Salat

„Gerade im Winter tut Farbe gut“

Die Grundlage ist immer ein Jahreszeitensalat, der gerade im Garten wächst oder den es in und aus der Region zu kaufen gibt, garniert mit frischen Blüten, Kapuzinerkresse, Rosenblüten, blauen Borretschblütchen, Ringelblumen, Gänseblümchen (die kann man alle essen), dazu geröstete Sonnenblumenkerne oder grob gehackte Walnüsse.
Eine Tomate aus dem Frankenland im August zerfließt auf der Zunge, aber sie liebt nicht den Winter, denn eigentlich hat die Tomate aus Spanien Flugangst und verliert dann ihren Geschmack. Und wie lecker schmeckt ein Feldsalat, der auch Ackersalat, Rapunzel oder Schafmäulchen genannt wird, im Herbst mit Walnußstückchen. Und dann gibt es im tiefen Winter die Rote Beete, die Gelbe Rübe und den Sellerie, die tapferen drei, die bei liebevoller Lagerung die frischesten Wintersalate ergeben (z.B. gekochte Rote Beete mit Sauerrahm, Zwiebelchen, Kümmel, Wacholder und Apfelstückchen, Gelbe Rüben Rohkost mit Zitronensaft oder Apfelessig, leckerem Rapsöl und gerösteten Sonnenblumenkernen)

Frei nach dem Motto: warum in die Ferne schweifen, sieh das Gute wächst so nah! Also Mut zur Kreativität und Guten Appetit!

Gerhard Popp

Italienischer Nudelsalat mit Tomaten

„Essen ist ein Bedürfnis, genießen ist eine Kunst."
Francois de La Rochefoucauld

350 g Nudeln, 4 EL Balsamico, 2 EL Pesto grün oder rot, 4 EL Olivenöl, 1 TL Honig, 100 g getrocknete Tomaten in Öl, abgetropft, Serrano- oder Parmaschinken, je nach Geschmack (geht auch ohne), Salz, Pfeffer, Gyrosgewürz, event. Chiligewürz, 1 Mozzarella oder/und Mozzallakugeln, Rucola.

Nudeln nach Packungsanweisung al dente garen und kalt abschrecken. Abkühlen lassen. In der Zwischenzeit in einer großen Schüssel Balsamico, Öl, Pesto, Honig, Salz und Pfeffer als Dressing anrühren. Die Sauce dann würzig abschmecken. Getrocknete Tomaten in Streifen schneiden, Rucola nach Bedarf rupfen und Pinienkerne in der Pfanne leicht rösten. Nudeln, dann mit der Sauce vermischen. Restliche Zutaten hinzufügen und zuletzt Mozzarella würfeln und gut mischen. Nach Bedarf noch einmal abschmecken, mit Rucola garnieren und genießen - ganz nach dem Motto. Der italienische Nudelsalat mit Rucola, getrockneten Tomaten und Mozzarella ist mediterran und einfach lecker.

Werner Beetz

Kürbissuppe

Zutaten für 4 Personen
600 g Kürbisfleisch
1 säuerlicher Apfel
1 Kartoffel
1 Zwiebel
3 EL Margarine
1 EL geriebener Ingwer
1 l Delikatess-Brühe
Salz, Pfeffer, Kürbiskerne

Zubereitung
Kürbisfleisch in ca. 1 cm große Würfel schneiden. Apfel grob würfeln. Zwiebel schälen und fein würfeln.
Margarine in einem Topf e hitzen, Kürbis-, Apfel- und Zwiebelwürfel und Ingwer darin ca 5 Min. dünsten. Brühe dazugießen, aufkochen und ca. 20 Min. köcheln, bis der Kürbis weich ist. Die Suppe fein pürieren, mit Salz und Pfeffer abschmecken.
Kürbiskerne ohne Fett in Pfanne rösten und im Teller auf die fertige Suppe streuen.

Magda Schreiber

Linsensalat mit Ziegenkäse

Im Frühjahr 2013 wanderten wir in der Auvergne auf dem wohl schönsten Abschnitt des französischen Jakobswegs. Die grünen Wiesen waren übersät mit Wildblumen, an den Berghängen blühte in sattem Gelb der Ginster. Startpunkt war Le Puy-en-Velay, wo alles im Zeichen der Jakobspilger und des bekanntesten Produkts der Stadt, der grünen Le Puy Linse, steht. Wegen ihres nussigen Aromas mögen wir sie besonders gern in Salaten.

Zutaten: 150 g Le Puy Linsen, 1-2 rote Paprikaschoten, 2 kleine Schalotten, 50 g gehackte Walnüsse, Feldsalat, 5 EL Olivenöl, etwa 3 EL Zitronensaft, 1 TL Honig, 1 EL Aceto Balsamico, 1 Rolle französischer Ziegenweichkäse, 8 Scheiben geräucherter Schinken, Salz, frisch gemahlener Pfeffer und 1 TL Senf

Zubereitung: Die Linsen ca. 15 Minuten ohne Salz bissfest garen. In der Zwischenzeit Paprika und Schalotten fein würfeln, die Walnüsse grob hacken, den Feldsalat gründlich waschen.
Die Linsen noch warm mit 3 EL Olivenöl, Zitronensaft und Honig vermischen, gehackte Nüsse sowie die Schalotten- und Paprikawürfel unterheben. Mit Salz, Pfeffer und Senf pikant abschmecken.
Den Ziegenkäse in 8 fingerdicke Scheiben schneiden, mit dem Schinken umwickeln und im restlichen Olivenöl knusprig braten. Den Linsensalat mit dem Feldsalat und den Ziegenkäsescheiben anrichten.
Dazu schmeckt knuspriges Baguette.

Sabine Weigand

Rote Beete Salat mit Halloumi

Eine super Vorspeise oder auch ein leckeres, gesundes Hauptgericht für den „kleinen Hunger“

Zutaten:
300g Rote Bete, roh, 1 Möhre (ca. 100 g), ½ Apfel (ca 50 g), 4 Stängel Petersilie, abgezupft, 3 Stängel Minze, abgezupft, 10 g Öl und etwas mehr zum Braten, 20 g Zitronensaft, 1 TL Salz, ¼ TL Pfeffer, 125 g Halloumi Käse, in 2 Scheiben

Zubereitung:
1. Rote Bete, Möhre, Apfel, Petersilie, Minze, Öl, Zitronensaft, Salz und Pfeffer: alles klein schneiden oder reiben. (Rohkostsalat)
2. Etwas Öl in einer Pfanne auf dem Herd erhitzen, Halloumischeiben darin von beiden Seiten anbraten.
3. Rote-Bete-Salat auf 2 Tellern anrichten, mit den Halloumischeiben belegen und servieren.

Bärbel Heppel

Scharfe Tomatensuppe

2 Knoblauchzehen, 1 kleine Zwiebel, 2 kleine rote Chilischoten, 1-2 cm Ingwer, 400 g reife Tomaten
4 EL Olivenöl, 2 EL brauner Zucker, 0,5 TL gemahlener Kreuzkümmel (kein Muss), 2 EL Tomatenmark,
500 g passierte Tomaten, 100 ml Orangensaft, 2 EL heller Sesam, 4 Stiele Basilikum, 50 g Schlagsahne
Kürbiskerne, Parmesan, Salz, Pfeffer

Knoblauchzehen schälen und fein hacken. Zwiebel schälen, fein würfeln. Chili putzen, waschen, längs halbieren, entkernen und sehr fein hacken. Tomaten waschen, halbieren, Stielansatz herausschneiden und Tomaten in feine Würfel schneiden.
4 EL Öl in einem großen Topf erhitzen. Knoblauch, Zwiebel, Chili, Ingwer, braunen Zucker und Kreuzkümmel darin unter Rühren ca. 2 Minuten andünsten. Tomatenmark zugeben, unterrühren und kurz anschwitzen.
Mit passierten Tomaten, Orangensaft und 200 ml Wasser ablöschen. Tomatenstücke einrühren. Alles aufkochen und bei schwacher Hitze ca. 20 Minuten köcheln. Sesam in einer Pfanne ohne Fett goldgelb rösten, herausnehmen. In der gleichen Pfanne Kürbiskerne anrösten, herausnehmen.
Basilikum waschen, trocken schütteln und Blättchen abzupfen. Suppe von der Herdplatte ziehen. Sahne und Basilikum zugeben. Alles mit dem Stabmixer fein pürieren. Mit Salz, Pfeffer und 1 Prise braunen Zucker abschmecken.
Tomatensuppe mit Sesam und Kürbiskernen bestreuen, Parmesan darüber reiben und servieren.

Bärbel Heppel

Gudrun Lüdtke

Spinatsalat mit Datteln und Mandeln

1 mittelgroße rote Zwiebel, 100 g entsteinte Datteln, 1 EL Weinessig, Ciabatta (ca. 150 g), 30 g Butter, 75 g Mandeln, 2 TL Sumach, ½ TL Chiliflocken, ¼ TL Salz, 150 g jungen Spinat, 2 EL Zitronensaft, 2 EL Olivenöl

Zwiebel in Ringe schneiden, Datteln der Länge nach vierteln, mit Essig und 1 Prise Salz ca. 20 Minuten ziehen lassen.
Ciabatta in dünne Scheiben schneiden, mit Butter in der Pfanne rösten bis es goldbraun und knusprig ist. Ganze Mandeln grob hacken und ebenfalls rösten, würzen.
Spinat waschen, abtropfen lassen und unmittelbar vor dem Servieren in eine große Schüssel füllen, die Brot-Mandel-Mischung sowie die Dattel-Zwiebelmischung darüber geben und mit Zitronensaft und Olivenöl mischen, ggf. noch einmal abschmecken und sofort servieren.

Werner Beetz

Antipasti-Nudeln mit Garnelen

300 g tiefgekühlte Garnelen ohne Schale
2 Knoblauchzehen
1 Glas gemischte Antipasti (165 g Abtropfgewicht)
500 g Tagliatelle
Salz, Pfeffer, abgeriebene Zitronenschale
Sonnenblumenkerne

Zubereitung
Garnelen auftauen lassen, abbrausen, mit Salz und Pfeffer würzen. Knoblauch abziehen, hacken. Antipasti abtropfen lassen (Öl dabei auffangen) und in Streifen schneiden.

Nudeln nach Packungsangabe in Salzwasser garen. 2 - 3 EL aufgefangenes Öl in einer Pfanne erhitzen, Garnelen und Knoblauch darin 2-3 Minuten anbraten.

Nudeln und Antipasti unterheben, mit Salz, Pfeffer und Zitronenschale würzen. Sonnenblumenkerne in der Pfanne ohne Fett anrösten und im Teller auf das fertige Gericht streuen.

Sabine Weigand

Chili sin Carne

Grünkern ist reich an Protein und ein super Lieferant von B-Vitaminen. Dieses einfache Rezept ist nicht nur super lecker, sondern auch gesund!

Zutaten: 250 g Grünkern, 500 ml Gemüsebrühe, 1 Liter Gemüsebrühe, 2 Zwiebeln, 2 Paprika (gelb oder rot), 2 Karotten, 250g Kidneybohnen (gekocht oder Dose), 250g Mais (gekocht oder Dose) 900 g Tomaten (frisch oder 2 Dosen), 1 TL Salz, 1 TL Pfeffer, 2 TL Paprikapulver, ½ TL Kreuzkümmel, ¼ TL Chilipulver

Zubereitung:
Grünkern waschen und ca. 30 Min. in Gemüsebrühe (500ml) kochen.
Währenddessen die restlichen Zutaten waschen und schneiden.

Zuerst Zwiebeln und Knoblauch anbraten und dann den Grünkern einige Minuten mitgaren, anschließend Karotten und Paprika hinzugeben.
Nach einigen Minuten Tomaten hinzugeben und Chili mit Gemüsebrühe (knapp 1 Liter) auffüllen.
Zum Schluss den Mais und die Bohnen dazugeben, das Ganze würzen und noch gut eine halbe Stunde weiter kochen.

Inge Bornebusch

Fränkische Bratwurst trifft Chicoree

Wenn eine fränkische Bratwurst einen Chicoree treffen soll, dann sollte man eher keine Vegetarierin sein, und es ist von großem Vorteil, wenn man in Franken lebt. Nun gut, der Chicoree (Witlof) hat es von Belgien bis zu uns geschafft, aber der ist auch nicht so empfindsam wie eine fränkische Bratwurst.

Zutaten(für 4 Personen) : 14 gleich große Bio-Kartoffeln vom Wochenmarkt, 4-5 gleich große Chicoree aus der Region, 80 g Butter, etwas Salz, frisch gemahlener Pfeffer, frische Petersilie, 4 Paar fränkische Bratwürste direkt aus der Metzgerei, 200 g Feldsalat, für die Salatsoße eine kleinere lila Zwiebel, 100 g Sahne, 50 g Walnüsse etwas zerkleinert, 1 Schuß Olivenöl, Balsamico- oder Apfelessig, 1 TL Senf, Kräutersalz und Pfeffer.

Zubereitung : Die Kartoffeln gut waschen und in der Schale im Kartoffeldämpfer kochen. Den Feldsalat waschen. Eine Salatsoße aus den genannten Zutaten zusammenrühren und kurz vor dem Essen unter den Salat mischen, den Chicoree halbieren und den harten Mittelkeil entfernen,80 g Butter mit etwas Salz anbräunen, die Chicoreehälften mit der Schnittfläche nach unten etwa 3 Minuten sanft anbräunen lassen, dann wenden und weitere 3 Minuten braten, mit wenig Salz und frisch gemahlenem Pfeffer würzen und mit frischer Petersilie bestreuen, die Bratwürste mit etwas Butter in der Pfanne vorsichtig kräftig braten. Alles auf einem Teller schön anrichten und guten Appetit

Karin Siedelmann

Herbstpizza mit Rucola

Für den Teig: ½ Würfel frische Hefe(21g), 1 Prise Zucker, 450 g Mehl, 3-4 EL Olivenöl, 1 TL Salz, 1/4 l heißes Wasser, Mehl zum Arbeiten.
Für den Belag: 2 Handvoll Rucola, 4 EL Walnusskerne, 200g Mozzarella, 4 Birnen, 8 EL Basilikum Pesto, Salz, Pfeffer, 2 EL Olivenöl, 1 EL Aceto Balsamico

Für den Teig die Hefe in eine Schüssel bröseln, mit Zucker und ca 250ml warmem Wasser glattrühren. Mit Mehl, Olivenöl und Salz zu einem geschmeidigen Teig verkneten. Zugedeckt an einem warmen Ort ca. 1 Std gehen lassen. Den Backofen auf 220° vorheizen, ein Backblech mit Backpapier belegen. Walnüsse grob hacken. Mozzarella in kleine Stücke schneiden. Birnen 8teln, entkernen. Den Teig auf einer bemehlten Arbeitsfläche durchkneten und rechteckig für das Blech passend ausrollen und aufs Blech geben. Den Teig mit dem Pesto bestreichen. Die Birnen darauf verteilen. Die Walnüsse und den Mozzarella ebenso. Für 15 -20 Minuten im Ofen bei 220° backen. Aus Balsamico, Salz, Pfeffer und Olivenöl ein Dressing verrühren und Rucola hinzufügen, durchmischen und auf der fertigen Pizza verteilen.

Guten Appetit

Ekkehardt Hofmann

Kritharaki-Pfanne

500 g Schweinefleisch in Streifen geschnitten, mit Gyros-Gewürz gemischt (gibt es bei meinem Metzger fertig zu kaufen)
500 g Kritharakinudeln (griechische oder türkische Reisnudeln)
Olivenöl zum Anbraten, 1 Zwiebel, Knoblauch, ca. 50 g Tomatenmark, 1/2- 3/4 l Fleischbrühe, 1 Becher Creme fraiche, würzen mit Salz und Pfeffer, Petersilie, Thymian, Rosmarin, 1 Scheibe Ingwer kleingehackt, 2 Messerspitzen Curcuma u, 2 Msp. Curry, 1 Msp. Zimt, auf Wunsch Champignon oder Zucchini geschnitten, 1 Packung geriebenen Käse, 1 Sahne

Gyros-Fleisch kurz anbraten, in eine Auflaufform geben, Nudeln darüber verteilen,
Zwiebel, Knoblauch andünsten, mit Brühe ablöschen, Gemüse, Tomatenmark, Gewürze und Creme fraiche zugeben und kurz dünsten, über Fleisch und Nudeln gießen.

Geriebenen Käse mit der Sahne und evtl. etwas Milch vermischen und über die Nudeln gießen.
20 - 25 min bei 180 Grad backen, 5 – 10 min noch im ausgeschalteten Backofen stehen lassen.

Dies ist ein pfiffiges Gericht, das nicht jeder kennt, super schmeckt und gut vorbereitet werden kann.

Veränderungstipp: Statt Fleisch kann auch Hackfleisch in Tomatensoße verwendet werden.
Für Vegetarier nur mit Tomatensoße (Dosentomaten mit Tomatenmark, Gewürzen und Gemüse) anrichten.

Carolin Domscheit

Lachs mit Weisswein

Lachsfilet, Zitronensaft, 1 Stange Lauch, 1 rote Zwiebel, 4 Lorbeerblätter, 3 Wacholderbeeren,
Weiße Pfefferkörner, Rote Pfefferkörner, 0,5 l Weißwein
Grüne oder rote Trauben (ohne Kerne), 20 g Butter, Salz, ½ Becher Sahne

Der Lachs wird im Zitronensaft mariniert. Zwischenzeitlich Lauch putzen und waschen. Etwa 10 cm vom weißen Teil der Lauchstange abschneiden und auf die Seite stellen, den restlichen Lauch in Ringe schneiden. Die Zwiebel schälen und ebenfalls in Ringe schneiden. Lauch- und Zwiebelringe mit dem Wein, Lorbeerblättern, Pfefferkörner (weiß) und Wacholderbeeren köcheln lassen bis der Weinsud auf etwa die Hälfte reduziert. Trauben waschen und halbieren.
Butter in einer Pfanne vorsichtig erhitzen und den Lachs von beiden Seiten goldbraun anbraten. Den Lachs aus der Pfanne nehmen und im vorgeheiztem Ofen (niedrige Temperatur) warm halten.
Den Weinsud mit den Trauben und Lauchstreifen in die Pfanne geben und kurz aufkochen lassen und die Sahne vorsichtig unterrühren. Mit Salz abschmecken.
Bandnudeln oder Kartoffeln schmecken besonders gut zum Lachs. Alles auf den Tellern anrichten und zum Schluss mit den frisch gemörserten roten Pfefferbeeren bestreuen.

Ekkehardt Hofmann

Maharani-Gericht
(Schweinelende mit Ananas)

Schon seit vielen Jahren ist dies ein Lieblingsgericht von mir, das durch die verschiedenen Gewürze und die Süße der Ananas orientalisch schmeckt und an die letzte Indienreise erinnert.

500 g Schweinelende
eingerieben mit Thymian, Rosmarin, Salz, Pfeffer
ziehen lassen, dann in Öl scharf anbraten,
die angebratene Lende in Scheiben schneiden und wieder zusammengesetzt in eine feuerfeste Form geben.

4 Ananasscheiben aus der Dose in 20 g Butter und 4 Esslöffel Weinbrand andünsten. Dann auf das Fleisch legen.
1 kleingeschnittene Zwiebeln und nach Wunsch 1 Knoblauchzehe andünsten, 2-3 Scheiben frischen gehackten Ingwer,
4 Esslöffel Ananassaft und Butter-Weinbrand-Sud dazugeben, zu dem Fleisch in die Form gießen.

Die Form mit einem Deckel oder mit Alufolie verschließen und im Backofen bei 180 Grad ca. 20 Min. braten. Bei längerer Garzeit wird das Fleisch mehr durch.
Ich mag es rosa bei geringerer Garzeit.

Den Fleischsud mit Sahne, Curry, Kurkuma, Salz und Pfeffer, Sojasoße und evtl. noch Ananassaft abschmecken und mit der gegarten Schweinelende anrichten.

Dazu passt sehr gut Curry-Reis.

Lydia Keith

Malteser Lendchen

2 Zwiebeln, 1 Schweinelende, 1 gestr. Teel. Salz, 1 gestr. Teel. Paprikapulver, ½ Teel. schwarzer Pfeffer, 2 gestr. Essl. Mehl, 1 rote Paprikaschote, 4 Essl. Öl, 5 Essl. Aquavit, ½ Tasse grüne Erbsen, ½ Tasse saure Sahne, 1 gestr. Teel. Zucker

Die Zwiebeln schälen und in feine Scheiben schneiden. Das Lendchen von Sehnen und überflüssigem Fett befreien und schräg in dicke Scheiben schneiden. Das Salz, das Paprikapulver, den Pfeffer und das Mehl vermischen und die Fleischscheiben darin wenden. Die Paprikaschote entkernen, waschen und in Streifen schneiden.
In der Pfanne das Öl erhitzen, die Zwiebelscheiben kurz anbraten und die Fleischscheiben darin von beiden Seiten jeweils 3 Minuten braten. Dann mit dem Aquavit übergießen, vorsichtig anzünden und ausbrennen lassen. Die Erbsen und die Paprikaschoten und die mit Zucker verquirlte saure Sahne zufügen. Alles noch 5 Minuten köcheln lassen und sofort servieren.

Dazu passen: Kartoffelpüree und Blattsalat

Christa Ryttich

Mangold-Quiche

Teig:
250 g Mehl, 1 Msp. Backpulver, 125 g Butter, 1 Ei, 3 Eßl. kaltes Wasser. Alle Zutaten zu einem Mürbteig verkneten. Den Teig 30 Min. kalt stellen. Eine vorbereitete Quicheform oder Springform damit auslegen, Teig am Rand etwas hochziehen, mit einer Gabel mehrmals einstechen und bei 200°C 20-25 Min. vorbacken.

Mangoldbelag:
750 g Mangold waschen, Blätter grob schneiden, Stiele in ½ cm Stücke.
1 Zwiebel fein schneiden, in 1 Eßl. Öl andünsten, Stielstückchen zugeben und andünsten, Blätter zugeben, alles kurz dünsten, mit Salz, Pfeffer, 1 Msp. Muskatnuss und 1 gehackten Knoblauchzehe abschmecken.
Nach Belieben: 100 g Schafskäse und/oder 20 g Walnusskerne (gehackt) unterheben.
3 Eier, 1 B. Sahne verquirlen, mit Salz, Pfeffer, Muskat würzen.
Die Mangoldmasse - ohne Flüssigkeit - auf den vorgebackenen Mürbteig verteilen, die Eiermilch über den Mangold gießen.
80 g geriebenen Käse darüberstreuen und bei
200°C ca. 25-35 Minuten backen.

Tipp: Statt Mangold schmeckt auch Blattspinat sehr gut.
Beilage: Bunter Blattsalat mit Granatapfelkernen

Ilse Hofmann

Matjes nach Oma-Art

Zutaten (für ca. 6-8 Personen):

12 Matjesfilet
2 Äpfel, 2 milde Zwiebeln, 4 Lauchzwiebeln,
5 Wacholderbeeren, 2 Blätter Lorbeeren, etwas Pfeffer, Salz, Zucker, Saft von einer halben Zitrone, 1 Joghurt, 1 Sahne, 1 saure Sahne, 2 Esslöffel Mayonnaise

Matjesfilets waschen, abtupfen und kleinschneiden,
Zwiebeln, Lauchzwiebeln, Äpfel kleinschneiden und mit dem Fisch vermischen,
Für das Dressing: Joghurt, Sahne, saure Sahne und Mayonnaise glattrühren und mit Pfeffer, Salz, Zucker und Zitronensaft würzen. Lorbeerblätter und Wachholderbeeren zugeben und über Fisch mit Äpfeln und Zwiebeln schütten und alles vermengen.

4 Stunden durchziehen lassen, mit frischem Dill bestreuen und mit Pellkartoffeln servieren.

Roswitha Schmidt

Poke mit Lachs

Zutaten für 2 Personen
Für den Reis: 120 g Sushi Reis, 2 ½ EL Reisessig, 2 EL Zucker, 1 ½ TL Salz
Für den Lachs: 2 Lauchzwiebeln, 2 EL Sojasauce, 2 TL Sesamöl, 250 g Lachs (Sushi-Qualität, ich verwende Räucherlachs), 2 EL Delikatess-Mayonnaise (80% Fett), 1 EL Sweet Chili Soße, 1 EL Sesam (geschält), 2 Schalotten, 2 Knoblauchzehen, Öl (zum Frittieren), 1 Avocado, 3 EL Limettensaft, 1 Beet Radieschen-Kresse, Korianderblätter.

Zubereitung Reis: In einem Sieb abspülen, bis das Wasser klar kommt. Reis in 250 ml Wasser aufkochen, dann 15-20 Minuten kochen, bis das Wasser vom Reis aufgenommen wurde. Mit einem Holzlöffel auflockern. Reis lauwarm abkühlen lassen. Reisessig erwärmen, Zucker und Salz darin auflösen und schnell abkühlen lassen, damit der Essig nicht verdunstet. Die Essigmischung über den gekochten Reis geben.
Zubereitung Lachs: Sojasoße, Sesamöl und geschnittene Lauchzwiebelringe verrühren. Lachs abspülen, trocken tupfen, in 1,5 cm große Würfel schneiden und mit der Marinade mischen. Abgedeckt kalt stellen. Die Mayonnaise mit der Chilisoße verrühren und kalt stellen. Sesam in einer Pfanne ohne Fett rösten. Schalotten und Knoblauch abziehen und in feine gleichmäßig dünne Scheiben schneiden. In reichlich heißem Öl hellbraun frittieren und auf Küchenkrepp abtropfen lassen. Avocado halbieren, entsteinen, schälen und das Fruchtfleisch würfeln. Avocadowürfel mit Limettensaft beträufeln. Reis auf 2 Portionsschalen verteilen. Lachs, Avocadowürfel, Zwiebeln und Knoblauch darauf verteilen. Mit Sesam, Kresse und Korianderblättern bestreuen und zusammen mit der Chili-Mayonnaise servieren.
Poke ist ein roher Fischsalat aus Hawaii und wird mit anderen Zutaten in einer Bowl serviert.

Frieda Feldner

Rehrücken

1 Rehrücken, 60 g Speckscheiben, Salz, Pfeffer, 80 g Butter, 1 Zwiebel und etwas Wurzelwerk, einige Wacholderbeeren, ½ l Wasser, ¼ l Rotwein,1/8 l sauren Rahm, etwas Cognac, 2 Teelöffel Preiselbeeren.

Rehrücken mit Speckscheiben belegen und in heißer Butter anbraten. Zwiebel und Wurzelwerk zugeben, kurz mit anbraten und mit Wasser und Rotwein aufgießen. Wacholderbeeren zerstoßen und dazu geben, alles zusammen ca. 50 Min. in der Röhre bei 180 C braten. 10 Minuten vor beendeter Garzeit den Rehrücken mit sauren Rahm bestreichen, fertig garen und mit Cognac flambieren, erst danach mit Salz und Pfeffer würzen. Den fertigen Rücken mit langem Messer vom Knochen ablösen, das Fleisch in schräge Scheiben schneiden und wieder auf den Rückenknochen legen. In den Bratenansatz die Preiselbeeren geben, Soße mit Salz und Pfeffer noch abschmecken und durchseihen.

Als Beilage zu empfehlen: Birnen gedünstet und mit Preiselbeeren gefüllt, Apfel-Wein-Blaukraut und Semmelknödel

Frieda Feldner

Wolf-Dieter Domke

Rindfleisch in Rotweinsauce

Wer mir sagen kann, warum ein Bild schön ist, dem bezahle ich eine Flasche Wein. (Edgar Degas)

1.5 kg mageres Rinderschmorfleisch, 3 Zwiebeln, 4-6 Knoblauchzehen, je 50 g grüne und schwarze Oliven, 75 g Korinthen, 2 Eßl. eingelegte grüne Pfefferkörner, 6 Eßl. Schmalz,
1 Flasche roter Bordeaux (0,7 l; aber jeder gute kräftige andere Rotwein geht auch!),
2 Teel. Thymian, 1 Teel. Rosmarin, 1 Teel. Salz, 3/8 l Schlagsahne. Pfeffer, 2 cl Weinbrand.

Das Fleisch in sehr große Würfel schneiden, Zwiebeln würfeln, die Knoblauchzehen fein hacken. Von den Oliven je drei zum Garnieren abnehmen. Restliche Oliven und Korinthen grob hacken. Pfefferkörner zerdrücken. Die Fleischwürfel in sehr heißem Schmalz anbraten. Die Zwiebelwürfel drei Minuten mitbraten. Mit einer halben Flasche Wein aufgießen. Knoblauch. Oliven, Korinthen, Pfefferkörner. Thymian. Rosmarin und Salz hinzufügen. Im geschlossenen Topf bei niedriger Schaltstufe 30 Minuten schmoren. Ohne Deckel weitere 60-90 Minuten schmoren. Zwischendurch den restlichen Wein in kleinen Mengen nachgießen. Zum Schluß die Sahne dazugießen. Einmal unter Rühren aufkochen lassen. Mit Pfeffer und Weinbrand abschmecken. (Kochzeit insgesamt: 2 Stunden 30 Minuten).

Dazu reicht man französisches Weißbrot und Salat.

NEXUS
ONE

Christa Marquardt

Rindfleisch thailändisch

500 g Rinderfilet (in Streifen geschnitten), 150 g grüne Bohnen (oder Brokkoli, Paprika o.a.), mundgerecht geschnitten, 150 g Karotten (gestiftelt), 2 rote Zwiebeln (achteln), 2 Knoblauchzehen (klein gewürfelt), Ingwer ca. 5 cm (klein gewürfelt), 40 g getrocknete Morcheln (in warmem Wasser einweichen, dann in Streifen schneiden) , 1 Glas Bambus oder Sojabohnen (oder frisch), Zitronengras (2 Stängel), Zitronenblätter (ca. 5 Stück) – kleingeschnitten, 1 EL rote Currypaste (oder weniger – da sehr scharf), 2 EL Sojasoße, 3 EL Fischsoße, Kreuzkümmel, Curcuma, (Thai-)Curry, Zitronensaft, Pfeffer.

Zubereitung:
Zwiebeln in 3 EL Öl (Sesamöl, Sonnenblumenöl o.a.) anbraten, dann Currypaste, Knoblauch, Ingwer, Zitronenblätter, Zitronengras und Fleisch dazugeben, kurz anbraten (dann im Wok an den Rand legen, in der Pfanne evtl. rausnehmen und warmstellen)
Evtl. noch etwas Öl in den Wok/Pfanne geben, Bohnen (o.a. Gemüse), Karotten, Morcheln und Bambus anbraten, mit Soja- und Fischsoße ablöschen (evtl. noch Wasser dazugeben)
Mit Fleisch vermischen, Kreuzkümmel, Curcuma und (Thai-)Curry, Pfeffer und Zitronensaft abschmecken (frische Sojasprossen kurz vor dem Servieren dazugeben und untermischen)
Evtl. mit Koriandergrün und Chili garnieren
Mit Reis anrichten

Karin Helmreich

Saltimbocca

Saltimbocca „hüpft“ am liebsten im Sommer „in den Mund“ (wörtlich übersetzt), wenn der Salbei frisch aus dem Garten kommt. Im Winter ist schmackhafter frischer Salbei nicht leicht zu bekommen. Das Gericht lebt vom feinen Spiel von Salbei, Wein und Zitrone

750 g ausgelöstes Kotelettstück von Kalb oder Schwein, 200 g durchwachsenen Speck in feinen Scheiben, eine Handvoll frische Salbeiblätter, zwei mittlere Zwiebeln, 1-2 Knoblauchzehen, Sonnenblumenöl, gekörnte Gemüsebrühe (Bio), Pfeffer aus der Mühle, Abrieb von 2 unbehandelten Zitronen, 750 ml Weißwein, 200 ml Sahne, 500 g Penne, 200 g geriebener Käse (Emmentaler).

Zubereitung: Fleisch in dünne Scheiben schneiden, salzen, pfeffern, mit je einem Salbeiblatt und einer Scheibe rohem Speck belegen, einmal zusammenklappen und mit einem Zahnstocher fixieren. Zwiebeln fein würfeln, restlichen Speck ebenso. Knoblauchzehe zerquetschen. Fleischtaschen bei guter Hitze mit Sonnenblumenöl beidseitig anbraten, herausnehmen und beiseite stellen. Dann Knoblauch, Speck- und Zwiebelwürfel glasig andünsten. Mit gut zwei Dritteln des Weines ablöschen und mit gekörnter Brühe pikant würzen. Restliche Salbeiblätter, Zitronenzesten und Fleisch dazugeben und bei ganz mäßiger Hitze ca. ¾ Stunden zugedeckt simmern lassen (slowfood). Vor dem Anrichten Sahne dazugeben und mit gekörnter Brühe, Pfeffer und dem Rest des Weines abschmecken. Mit etwas aufgelöstem Stärkemehl die Soße binden. Nudeln in reichlich Salzwasser kochen. Nach dem Garen abgießen und in einer gebutterten Pfanne oder Auflaufform schwenken. Mit geriebenem Käse al‘ gusto überstreuen und abgedeckt den Käse über die Nudeln schmelzen lassen. Buon‘ appetito!

Magda Schreiber

Saure Bratwürste & Weincreme

Wenn unsere Freunde aus München zu Besuch kommen, wünschen sie sich dies zum Abendessen.

Saure Bratwürste im Weinsud
Ich bringe 300 ml Weißweinessig, 500 ml Silvaner und 750 ml Wasser mit 2 gehäuften TL Zucker und 1 TL Salz zum Kochen.
Dazu gebe ich 6 große, in feine Ringe geschnittene Zwiebeln, 2 in dünne Scheiben geschnittene Karotten sowie 4 Lorbeerblätter, 4 Gewürznelken, 10 Pfefferkörner und 6 Wacholderbeeren.
Der Sud soll nun etwa 30 Minuten leicht köcheln.
Anschließend lege ich pro Person 1 Paar Ansbacher Bratwürste in den Sud und lasse sie etwa 15 Minuten ziehen. Als Beilage gibt es frisches Bauernbrot oder Laugenbrezen.

Zum Nachtisch schmeckt uns dann eine
Weincreme
Mit 250 ml Wasser, 250 ml Frankenwein,
1 Päckchen Vanillepuddingpulver und 50 g Zucker koche ich wie gewohnt einen Pudding, den ich unter Rühren völlig auskühlen lasse.
Zum Schluss hebe ich einen Becher geschlagene Sahne darunter.
Gerne serviere ich die Creme in Weingläsern und dekoriere sie mit Weintrauben.

Susanne Klemm

Schäufele

Zutaten für ca. 4 Portionen: 1,5 kg Schweineschulter mit Knochen und Schwarte, Salz und Pfeffer, 1 TL Kümmel, 1 EL Butterschmalz, 1 große Zwiebel, 1 große Karotte, etwas dunkles Bier

Zubereitung: Die Schwarte des Schweinebratens diagonal einschneiden. Das Fleisch waschen, trocken tupfen und gründlich mit Salz und Pfeffer einreiben. Die Zwiebel vierteln, die Karotte in grobe Stücke schneiden und dazugeben. Mit einer Tasse Wasser aufgießen. Den Braten auf die untere Schiene in den auf 200° C Ober-/Unterhitze vorgeheizten Backofen schieben und mit der Schwarte nach oben unter gelegentlichem Begießen mit dem Bratensaft in 1,5 - 2 Stunden braten. Dann die Temperatur auf 160°C drosseln und weitere 1,5 - 2 Stunden gar braten. Evtl. noch etwas Wasser nachgießen. Die letzten 30 Minuten immer wieder mit Bier bepinseln, damit die Kruste schön knusprig wird. Danach den Braten herausnehmen und 10 Minuten stehen lassen. Den Bratensaft mit etwas Wasser ablöschen, durch ein Sieb gießen, entfetten und evtl. noch mit etwas Salz abschmecken und ggf. etwas abbinden.

Beilage: Kartoffelklöße. Als Getränk passt Bier dazu

„Schäufele mit K

Renate Kallip

Steinpilz-Ricotta-Ravioli

20 g getrocknete Steinpilze, 1 Schalotte, 20 g Butter, Salz, Pfeffer, 250 Ricotta, 1 Eigelb Klasse M, 3 EL frisch geriebenen Parmesan, 1 Portion frischen Nudelteig, 1 Ei Klasse M, Pastamehl zum Bearbeiten.
Für die Salbeibutter:
10g getrocknete Tomaten, 250 g Butter, 0,5 Bund Salbei, 1 Spritzer Zitronensaft, schwarzen Pfeffer, frisch gehobelten Parmesan zum Servieren.

1. Für die Füllung Steinpilze in 100 ml Wasser einweichen. Schalotte fein Würfeln. Steinpilze gut ausdrücken und klein hacken. Butter in einem Topf zerlassen. Schalotten und Pilze darin 2-3 Minuten dünsten. Mit Portwein ablöschen, mit dem Einweichwasser auffüllen. Einkochen lassen, bis die Flüssigkeit vollständig verkocht ist. Mit Salz und Pfeffer würzen und abkühlen lassen. Ricotta mit Steinpilzen, Eigelb, Parmesan verrühren. Mit Salz und Pfeffer abschmecken. Die Masse kalt stellen.
2. Nudelteig halbieren. Eine Hälfte dünn und länglich ausrollen. Restlichen Nudelteig bis zum Verarbeiten in Klarsichtfolie ruhen lassen. Den Nudelteig dann mit der Nudelmaschine von Stufe 1-6 zu einer langen, dünnen Nudelbahn ausrollen. Aus der Nudelbahn mit einem runden Ausstecher Kreise ausstechen. Die Nudelkreise auf einer Hälfte mit wenig Ei bestreichen. Die Füllung darauf verteilen, zusammenklappen und zu einer Ravioli formen. Mit dem restlichen Teig genauso verfahren.
3. Für die Salbeibutter Tomaten fein würfeln. Butter zerlassen und ca. 5 Minuten kochen, bis sie leicht gebräunt ist. Salbeiblätter abzupfen. Tomaten und Salbei zur Butter geben und den Topf vom Herd nehmen. Die Nudeltaschen in reichlich Salzwasser 6-8 Minuten kochen.

R. Wallig

Doris Wäger

Steinpilze in Sahne

KUNST = Mensch = Kreativität = Freiheit
(Joseph Beuys)

350 g frische Steinpilze (es dürfen auch mehr sein), 2 EL Pflanzenöl, 50 g Butter, 1 Knoblauchzehe, 1 Msp gemahlener Kümmel, 1 Becher Sahne (200 g), ein Schuss Weißwein, Salz, Pfeffer, 1 Bund Petersilie

Zubereitung:
Die Steinpilze säubern, am besten mit einer kleinen weichen Bürste. Die Pilze der Länge nach in etwa 5 mm dicke Scheiben schneiden.
In einer großen Pfanne zuerst das Pflanzenöl erhitzen, dann die Butter darin schmelzen lassen, die Pilzscheiben und die geschälte (aber nicht zerteilte) Knoblauchzehe bei mittlerer Hitze unter Rühren anbraten, bis die Pilzscheiben fast gar sind. Eine Prise gemahlener (oder noch besser: im Mörser frisch zerkleinerter) Kümmel unterstreicht fein das Pilzaroma.
Die Knoblauchzehe herausnehmen, die Sahne und einen Schuss Weißwein dazu gießen, alles etwas einkochen lassen und erst jetzt mit Salz und Pfeffer abschmecken.
Mit gewaschener und fein gehackter Petersilie bestreuen und zu Bandnudeln anrichten.

Gudrun Lüdtke

Süßkartoffeln mit Feigen

4 kleine Süßkartoffeln (1kg), 5 EL Olivenöl, 2 TL Salz, Pfeffer, 12 Frühlingszwiebeln, 1 rote Chilischote, 40 ml Balsamico-Essig, 20 g Zucker, 6 frische Feigen, 150 g Ziegenkäse

Süßkartoffeln waschen, der Länge nach in Spalten schneiden, mit 3 EL Olivenöl, Salz und Pfeffer vermischen, mit der Schale nach unten auf einem Backblech verteilen und 25 Minuten bei 240° im Backofen rösten.
Frühlingszwiebeln der Länge nach halbieren, in Stücke schneiden, Chilischote in feine Ringe schneiden und beides mit restl. Olivenöl anbraten.
Balsamico-Essig mit Zucker in einem Topf aufkochen, Wärmezufuhr verringern, 2-4 Minuten köcheln lassen bis die Mischung eindickt (ggf. etwas Wasser zufügen).

Kartoffeln auf einer Servierplatte anrichten, Frühlingszwiebelmischung, geviertelte Feigen sowie zerkrümelten Ziegenkäse darüber geben, mit der Balsamico-Essig-Mischung beträufeln und mit Salz und Pfeffer würzen.

Renate Kallip

Tessiner Wildschweintopf

Zutaten für 4 Personen
750 g Blattschulter vom Wildschwein, 200 g Bündle in Streifen schneiden, 150 g gelbe Rüben gewürfelt, 70 g Fett zum Anbraten, 20 g Mehl, 0,25 l Rotwein, 0,25 l Brühe,
1 Essl. Tomatenmark, 2 Knoblauchzehen gehackt, 300 g Schalotten, 250 g Champignons geviertelt, Salz, Pfeffer, Thymian, Lorbeerblatt, Petersilie

Zubereitung
Nacheinander Bündlestreifen und gelbe Rüben in einer Pfanne anbraten, dann in einen Brattopf geben.
Das Fleisch in ca. 5 cm große Würfel schneiden, würzen und portionsweise anbraten und in den Brattopf geben.
Alles mit Mehl bestäuben, leicht anrösten und Tomatenmark zugeben, umrühren, mit Rotwein und Brühe ablöschen, aufkochen lassen und im geschlossenen Topf weich schmoren (ca. 1 1/2 Stunden).
Die Schalotten in einer Pfanne bräunen, die geviertelten Champignon andünsten und mit den Schalotten die letzten 20 min. zum Fleisch geben und mitschmoren.
Mit Petersilie bestreuen, servieren. Beilagen nach Wahl

R. Kallop

Karin Siedelmann

Toskanischer Tomaten-Lenden-Topf

Zutaten:
700g Schweinelende, 12 Scheiben Frühstücksspeck, 5 Tomaten oder gehackte Tomaten, 500g Schlagsahne, 2 Knoblauchzehen, 3 EL Tomatenketchup, 2 EL Tomatenmark, Edelsüßer Paprika, Cayennepfeffer, Chillipulver, Salz, 2 EL Paniermehl, 20g Butter, Rosamarin zum Garnieren

Zubereitung:
Die Schweinelende in ca 12 Medaillons schneiden. Diese mit je einer Speckscheibe umwickeln. Eine Auflaufform fetten, die Medaillons dicht an dicht hineinsetzten. Die Tomaten vierteln und das Fruchtfleisch in Würfel schneiden. Sahne in einem Topf aufkochen lassen. Knoblauch hacken, mit Ketchup und Tomatenmark zur Sahne geben. Die Soße mit den Gewürzen kräftig abschmecken, Tomatenwürfel zugeben und die Soße über das Fleisch gießen. Das Paniermehl darüber streuen. Im vorgeheizten Backofen bei 175° ca 45 – 50 Minuten backen.
Dazu schmecken Reis oder Nudeln und ein frischer Salat.
Guten Appetit!!

Karin Siedelmann

Frieda Feldner

Venezianischer Burger

Burger Brötchen: 300 g Mehl, 130 ml warmes Wasser, 4 Eßl. warme Milch, 1 Würfel frische Hefe, 1 Pr. Salz, 20 g Zucker, 50 g Butter, 1 Ei.

Hefe mit dem Zucker auflösen und mit der warmen Milch vermischen, mit den restlichen Zutaten mit dem Knethaken zu einem glatten Teig verarbeiten. An einem warmen Ort (zugedeckt) 30 Min. gehen lassen. Aus dem Teig 6 Ciabatta-Burger-Brötchen formen und nochmals 30 Min. gehen lassen. Mit etwas Milch einstreichen und ca. 20 Min. bei 200 Grad backen.

Patties: 600 g Rinderhackfleisch zu 6 Patties formen und von beiden Seiten knusprig braten. Danach mit Pfeffer und Salz würzen.

Burger Soße: 2 Eigelb, 2 Tl. Senf, 1 Tl. Balsamico miteinander verrühren, 5 Eßl. Olivenöl unterschlagen, mit Salz und Pfeffer abschmecken, zum Schluß 150 gr. kleingeschnittenen italienischen Speck dazugeben.

Zum Belegen: Salatblätter, Gemüsezwiebelringe, Tomaten, einige Scheiben hartgekochte Eier, 6 Scheiben Prosciutto (ital. Parmaschinken) leicht angebraten, 6 Scheiben Pastorella (ital. Butterkäse), heiße Patties und die Burgersoße.

Die noch leicht warmen Burger-Brötchen aufschneiden und schichtweise belegen.

Buon Appetito

frieda feldner

Gerhard Popp

Zitronenspaghetti mit Scampi

„Kochen erfordert eine gewisse Konzentration, eine gewisse Liebe, eine zärtliche Aufmerksamkeit."
Norman Mailer; US-amerikanischer Schriftsteller

20 tiefgefrorene rohe Scampi, geschält und entdarmt, 2 Zwiebeln, 1 oder 2 Knoblauchzehen, 1 unbehandelte Limette oder Zitrone, 500 gr. Spaghetti, Salz, Pfeffer, Paprika, Gyrosgewürz, Petersilie, 2 EL Olivenöl, 100 ml Gemüsebrühe.

Scampi ohne Kopf und Schwanz bei Zimmertemperatur auftauen. Zwiebeln und Knoblauchzehe schälen und in Streifen schneiden. Limette oder Zitrone waschen, halbieren, aus einer Hälfte Saft auspressen, übrige Hälfte die Schale entfernen und in Scheiben schneiden. Die Zitronenscheiben wiederum vierten oder achteln. Nudeln in kochendem Salzwasser nach Packungsanweisung zubereiten. Aufgetaute Garnelen waschen und trocken tupfen. Inzwischen Öl in einer Pfanne erhitzen. Zwiebeln dazugeben, anbraten bis diese eine leichte Bräunung haben. 1 TL Zucker dazugeben damit die Zwiebeln karamellisieren. Knoblauch in feine Scheiben geschnitten dazugeben. Solange köcheln, bis die Zwiebel-Knoblauchmasse weich ist. Garnelen dazugeben und unter Wenden ca. 4 Minuten braten. Mit Limettensaft und Brühe ablöschen und aufkochen. Mit Salz, Pfeffer, Paprika und Gyrosgewürz abschmecken. Nudeln in einen Durchschlag gießen, zurück in den Topf geben und mit der Scampipfanne mischen. Auf Tellern anrichten. Mit den Limettenvierteln und gehackter Petersilie garnieren. Kann warm oder auch kalt gegessen werden.

Karin Reu

Zucchini-Cannelloni

Nimmt etwas Zeit in Anspruch, aber die Mühe lohnt sich. Ich serviere es gerne im Sommer als Vorspeise mit frischem Baguette. Man kann es aber auch als Hauptgericht mit Reis essen.

Für die Tomatensoße: 1 Zwiebel, 1 Knoblauchzehe, 1 TL brauner Zucker, 25 ml Olivenöl, 400 g Tomatenstücke (aus der Dose), 150 g Kirschtomaten, 1 EL Tomatenmark, 1 EL Oregano, frischer Basilikum
Für die Cannelloni: 1 EL Olivenöl, 1 kleine Zwiebel, 1 Knoblauchzehe, 300 g Ricotta, 200 g Tiefkühl-Blattspinat, 1 Ei, 70 g geriebener Parmesan, 150 g geriebener Mozzarella, 3 EL frisch gehacktes Basilikum, 1 TL Salz, 1 TL Pfeffer, ½ TL Paprika, 3 längliche Zucchini je ca. 250-300 g

Für die Tomatensoße die Zwiebel und den Knoblauch fein würfeln und in einer Pfanne mit Olivenöl kurz anschwitzen. Zucker hinzufügen und karamellisieren lassen. Dosentomaten, Tomatenmark und Kräuter zugeben und fünf Minuten köcheln lassen. In eine feuerfeste Form füllen.

Für die Zucchini-Cannelloni den Blattspinat auftauen und abtropfen lassen. Zwiebel und Knoblauch fein hacken und in Olivenöl anschwitzen. Ricotta, den aufgetauten Blattspinat und das verquirlte Ei dazugeben. Zum Schluss noch die Hälfte des Parmesans, 120 g Mozzarella, Gewürze und Basilikum daruntermischen.

Die Zucchini mit dem Hobel in ganz dünne Streifen schneiden. Auf jeden Zucchinistreifen an einem Ende 1 gut gehäuften TL der Masse geben, etwas zur Mitte hin verteilen und locker aufrollen. Die Cannelloni mit einer Öffnung nach oben in die Form setzen und 20 Minuten im vorgeheizten Ofen bei 200 ° backen (ergibt ca. 45 Mini-Röllchen).
Die frischen Kirschtomaten halbieren und nun zu den Cannelloni geben, mit etwas Mozzarella und dem restlichen Parmesan bestreuen und weitere 5-10 Minuten goldbraun überbacken.

Bio
TOMATE

Wolf-Dieter Domke

Apfel-Quark-Streusselkuchen

Das ist mein Lieblingskuchen, weil er sehr vielseitig ist und mich immer an meine ersten Nachmittage bei den Mittwochsmalern erinnert.

Einen Rührteig bereiten aus: 100 g Butter, 100 g Zucker, 200 g Mehl, 2 Eiern, 1 Packung Vanillinzucker, etwa 4 Essl. Milch, 6g (2 gestr. Teel.) Backpulver.
In eine gefettete Springform füllen, etwa 5 min bei 180 Grad anbacken.
Für die Quark-Füllung: aus 1 Packung Vanillepudding, 3 Essl. Zucker und 400 ml Milch einen dicken Pudding kochen; etwas abkühlen lassen und dann 250 g Quark darunterrühren.

Die Quarkfüllung auf den Rührteig geben; darauf ca. 500 g geschälte, geschnittene Äpfel (ersatzweise 1 Glas Sauerkirschen, entsteint, abgetropft) schichten.
Streussel aus 100 g Mehl, 75 g Zucker und 75 g Butter (1 Packung Vanillezucker) formen, über das Obst verteilen.

Den Kuchen etwa 40 min bei 180 Grad backen.
(Das ganze funktioniert auch mit anderem Obst und anderer Quarkfüllung; so gibt etwa Schoko-Pudding und Birnen einen hervorragenden Birne-Helene-Kuchen.)

Carolin Domscheit

Apfelstrudel aus Nudelteig

Strudelteig:
300 g Mehl, 1 EL Öl, 1 Prise Salz, 3-5 EL Wasser, 1 TL Essig, zum Bestreichen Butter

Füllung:
1 kg Äpfel, Zitronensaft, 1 EL Zucker, 50g geriebene Mandeln oder Nüsse, Rosinen, wenn gemocht

Zuerst den Teig herstellen und glatt geformt in 2 Portionen teilen. Im Kühlschrank ruhen lassen.
Äpfel achteln, schälen und in kleine Stücke schneiden. In eine große Schüssel geben und mit Zucker, Zitronensaft und Nüssen/Mandeln mischen.

Den Teig auf einem bemehlten Backbrett dünn ausrollen, mit zerlassener Butter bestreichen und Füllung gleichmäßig auf den Teig geben. Zuerst je die kurze Seite ca. 5 cm einklappen, dann den Strudel vorsichtig aufrollen. Auf ein gebuttertes Blech geben, wieder mit zerlassener Butter bestreichen und im vorgeheizten Ofen etwa 30-40 Minuten bei Mittelhitze backen. Nach dem Backen kurz ruhen lassen, in Portionen schneiden und mit Puderzucker bestäuben.
Schmeckt sehr gut mit Vanillesoße und/oder Sahne.

Ilse Hofmann

Atelier-Kuchen

Manchmal eilt es, weil sich kurzfristig Besuch angesagt hat oder weil die Maler im Atelier zum Kaffee einen Kuchen brauchen, dann hilft nur eines - Ilses Atelierkuchen:

Ein Rührteig-Butterkuchen, der super schnell geht und super gut schmeckt!

250 g Sahne, 150 g Zucker, 1 P. Vanillezucker, 4 Eier schaumig rühren,
300 g Mehl, 1 P. Backpulver, 1 Prise Salz dazu rühren.
Den Rührteig auf ein Backblech verteilen. Teig 10 min bei 180 Grad vorbacken.

In der Zwischenzeit den Belag herstellen.
Für den Belag 125 g Butter, 150 g Zucker, 1 P. Vanillezucker, 4 Essl. Sahne oder Milch in einen Topf geben, schmelzen lassen (nicht kochen),
abkühlen lassen und 200 g gehobelte Mandeln dazugeben.

Den Belag auf den vorgebackenen Teig verteilen und noch ca. 20 min bei 180 Grad goldbraun backen.

Und fertig ist der wunderbare lockere Atelierkuchen, der frisch am besten schmeckt!
Etwas saftiger wird der Kuchen, wenn man in den Teig Obst legt, z.B. Apfelschnitze, Kirschen oder Obst aus der Dose.

Karin Reu

Birnen-Streusel-Muffins

Die Muffins sind schnell gemacht und mit reifen Birnen besonders saftig. Ich habe sie aber auch schon mit Heidelbeeren oder Äpfeln gebacken.

90 g Vollkornmehl, 140 g Dinkelmehl, 2 TL Backpulver, ½ TL Natron, 1 TL Zimt und 3 TL Kakao in einer Schüssel vermischen

1 Ei, 80 g brauner Zucker, 80 ml Sonnenblumenöl, 1 EL Rum, 185 g Naturjoghurt, 125 g saure Sahne, 300 g Birnenstückchen (gewürfelt gewogen)

Streusel: 50 g Dinkelmehl, 1 TL Zimt, 20 g Zucker, 40 g Butter

Das Ei aufschlagen und leicht verquirlen. Den Zucker, das Öl, Rum, Joghurt und saure Sahne hinzugeben. Die Birnenstückchen untermischen.
Zuletzt die trockenen Zutaten beifügen und vorsichtig unterheben, bis sie feucht sind.

Ein Muffinblech mit Papierförmchen ausfüllen und den Teig darin verteilen. Die Förmchen sollten nur dreiviertel gefüllt sein. Auf jedes Muffin etwas von der Streuselmasse geben.

Bei 180 ° auf mittlerer Schiene ca. 30-35 Min. backen.

Roswitha Schmidt

Dinkelsbühler Schneckennudeln

Für den Teig: 500g Weizenmehl, 125g flüssige handwarme Butter, 100g Zucker und Zimt, 25g Vanillezucker 200ml lauwarme Milch, 42g Hefe, 1 Ei, Schale und Saft von 1 Zitrone, 1 Prise Salz.
Für die Füllung: 100g Zimt und Zucker, 150g flüssige Butter, 200g Rosinen, 200ml Apfelsaft
Hefevorteig: Die Hefe in lauwarmer Milch auflösen mit, 2 bis 3 EL Mehl und 1 EL Zucker verrühren, das Ganze abgedeckt an einem warmen Ort 15 Minuten gehen lassen.
Hefeteig: Vorteig und die übrigen Teigzutaten zu einem geschmeidigen Teig verkneten, 1 Stunde abgedeckt an einem warmen Ort gehen lassen. Inzwischen die Rosinen im Apfelsaft einweichen. Den gegangen Teig in 2 Stücke teilen und mit etwas Mehl rechteckig ausrollen, mit Butter bestreichen, Zimtzucker bestreuen und die eingeweichten Rosinen darauf verteilen. Der Länge nach aufrollen und in ca. 5 cm große Stücke schneiden, die Schnecken nebeneinander in eine gefettete Form stellen, mit flüssiger Butter bestreichen und nochmals für ½ Stunde gehen lassen, Backofen 175 Grad Ober- und Unterhitze vorheizen. Die Nudeln werden 50-60 Minuten gebacken, die warmen Schnecken auf einen Rost stürzen und abkühlen lassen, die Rückseite mit Puderzucker bestreuen.
Schneckennudeln werden in Dinkelsbühl zur Kinderzeche in jedem Haushalt gebacken.

Christa Ryttich

Erdbeer-Charlotte

Biskuitrolle:
5 Eier, 125g Puderzucker, 1 P. Vanillezucker sehr schaumig rühren.
100 g Mehl, 50 g Stärke, 1 Teel. Backpulver mischen und vorsichtig unterheben. Die Masse auf ein mit Backpapier ausgelegtes Blech streichen und in der vorgeheizten Röhre 9 - 11 Min. bei 180°C backen.
Nach dem Backen auf ein mit Zucker bestreutes Geschirrtuch stürzen, Papier mit kaltem Wasser befeuchten, abziehen.
Teigplatte mit 200 g Johannisbeergelee bestreichen und zügig einrollen. Auskühlen lassen.

Erdbeercreme:
500 g Magerquark, 250 g Mascarpone, 1 B. Naturjoghurt, 150 g Zucker und 2 P. Vanillezucker verrühren. 10 Blatt weiße Gelatine einweichen, im Wasserbad auflösen und vorsichtig zur Creme geben, leicht andicken lassen.
500 g Erdbeeren, die Hälfte pürieren, die 2. Hälfte in Stücke schneiden. 2 B. Sahne schnittfest schlagen. Die pürierten und geschnittenen Erdbeeren und ¾ der Sahne unter die Creme heben.
Die Biskuitrolle in 1 cm breite Scheiben schneiden und eine runde Schüssel damit auskleiden. Die Erdbeercreme einfüllen und mit den restlichen Biskuitscheiben bedecken (= Boden). Charlotte abgedeckt über Nacht kühl stellen. Auf eine Tortenplatte stürzen, mit der restlichen Sahne und Erdbeeren verzieren.

Tipp: Die Erdbeercreme schmeckt auch als Nachtisch sehr lecker.

Lydia Keith

Käsekuchen

Knetteig:
250 g Mehl, 100 g Zucker, 1 Ei, 2 TL Backpulver, 125 g Butter oder Margarine

Knetteig herstellen, ausrollen, eine Springform (Durchmesser 26 cm) damit auslegen und am Rand hochziehen.

Belag:
500 g Sahnequark, ½ l Sahne, 200 g Zucker, ½ Tasse Öl, 1 Ei, 1 P. Vanillepudding, ¼ l Milch (zum Schluss), nach Belieben Rosinen o.ä.

Alle Zutaten glatt rühren und in die Springform füllen.

Im vorgeheizten Ofen bei 180 Grad 60 Minuten backen.

Bärbel Heppel

Nuss-Tarte

Nuss-Tarte Mürbeteig:
250 g Mehl (alternativ Schär Mehl – glutenfrei), 1 Ei, 150 g Butter, 75 g Zucker, Salz, Zimt, Zitronenschale

Alles verkneten, mind. 30 min. kalt stellen, eine Tarte-Form mit Backpapier auslegen und einen kleinen Rand formen.

Für den Belag: 75 g Butter, 100 g weißen Zucker, 50 g braunen Zucker, 100 ml. Sahne, 1 P. Vanillezucker, Salz, Zimt, Zitronenschale

Alle Zutaten bei mittlerer Hitze in einem Topf schmelzen, die Sahne dazu geben und ca. 5 min. weiterköcheln lassen.
Ca. 450 g Nüsse (Pecannüsse, Walnüsse, Haselnüsse, Mandeln) gut untermengen und auf den Teig geben.
30 min. bei 180 Grad Umluft backen, noch heiß mit elektr. Küchenmesser teilen.

Viel Erfolg und guten Appetit!

Der Kuchen kann nach dem Backen einige Wochen später noch genossen werden.

Susanne Klemm

Nussecken

Zutaten:
Für den Teig: 130 g Butter, 130 g Zucker, 2 Eier, 300 g Mehl, 1 TL gestr. Backpulver
Für den Belag: 4 EL Aprikosenkonfitüre, 200 g Butter, 200 g Zucker, 2 Pck. Vanillezucker, 200 g gemahlene Haselnüsse, 200 g gehackte Haselnüsse, 4 EL Wasser, Schokoladenkuchenglasur

Zubereitung:
Knetteig bereiten und auf einem gefetteten Bachblech ausrollen. Aprikosenkonfitüre auf den ausgerollten Teig streichen. Butter, Zucker und Vanillezucker erhitzen bis sich der Zucker gelöst hat. Nüsse zusammen mit Wasser unter die Butter-Zucker-Masse rühren und auf dem Teig verteilen. 25 Minuten bei 175 °C backen. Noch warm zunächst in Rechtecke und dann in Dreiecke schneiden. Die Ecken in Schokoladenglasur tauchen.

Karin Helmreich

Tiramisu speciale

Tiramisu speciale (für 6 Personen), 250 ml starken Espresso, kalt; Amaretto, Bailey's Irish Cream, Eierlikör, 250 g Mascarpone, 2 Eigelb, 1 EL Puderzucker, ½ Päckchen Vanillezucker, 200 ml Sahne, 2 Esslöffel Zitronensaft, frisch, 1 Packung Löffelbiskuit,

Zubereitung: Espresso mit je 2 Esslöffel Amaretto, Bailey's Irish Cream und Eierlikör mischen. Mascarpone mit Eigelb, Puderzucker, Vanillezucker, Zitronensaft und je einem EL der Liköre glatt rühren, danach die fest geschlagene Sahne vorsichtig unterheben. In eine Auflaufform (ca. 30x20x5 cm) eine Schicht kurz in Espresso getauchte Löffelbiskuit eng aneinander legen, Boden ganz bedecken. Die Hälfte der Mascarponecreme gleichmäßig darüber streichen. Eine zweite Schicht getränkter Löffelbiskuit darauf legen und den Rest der Creme glatt darüber streichen. 2-3 Stunden im Kühlschrank kühlen, kurz vor dem Servieren mit einem Sieb eine dünne Schicht Kakaopulver darüber streuen.

Erika Horender

Weihnachts-Plätzchen 1

Ein Weihnachten ohne selbstgebackene Plätzchen ist kein Fest für mich! So bin ich zu einer leidenschaftlichen Plätzchen-Bäckerin geworden. In früheren Jahren habe ich öfters neue Sorten ausprobiert, bin aber immer wieder auf meine altbewährten Rezepte zurückgekommen. Sie schmecken einmalig weihnachtlich!

Vanillekipferl

300 g Mehl, 270 g Butter, 75 g Zucker, 75 g geriebene Mandeln,
Knetteig herstellen und als Kipferl formen.
Backzeit ca. 10 min. bei 200 Grad.
Nach dem Backen noch warm in Vanillezucker wälzen.

Linzer Plätzchen

170 g Mehl, 100 g Zucker, 170 g Butter, 100 g geriebene ungeschälte Mandeln,
1 Teel. Zimt, 1 Teel. Nelken,
Knetteig herstellen, auswellen, kleine runde Plätzchen ausstechen.
Backzeit ca. 8 – 10 min. bei 200 Grad,
nach dem Auskühlen zwei Plätzchen mit Johannisbeergelee bestreichen, zusammenkleben und mit dunkler Schokoglasur bepinseln.

Erika Horender

Weihnachts-Plätzchen II

Ischler Plätzchen

140 g Mehl, 70 g geriebene ungeschälte Mandeln, 70 g Zucker, 140 g Butter, etwas Zitronensaft
Knetteig herstellen, auswellen, Rauten ausstechen.
Backzeit ca. 8 – 10 min. bei 200 Grad,
nach dem Auskühlen zwei Plätzchen mit Johannisbeergelee bestreichen, zusammenkleben und mit dunkler Schokoglasur bepinseln.

Husaren-Krapfen

350 g Mehl, 200 g Butter, 100 g Zucker, 5 Eigelb, 1 P. Vanillezucker, 2-3 Eßl. gehackte Mandeln oder Nüsse,
Knetteig herstellen, kleine Kugeln formen und in der Mitte mit einem Kochlöffel eine Vertiefung drücken.
Backzeit ca. 10 min. bei 200 Grad,
nach dem Erkalten mit Puderzucker bestreichen, Johannisbeergelee etwas erhitzen und in die Mitte eintropfen.

Inhaltsangabe

Herzhaftes vorneweg ...

Seite

Hauptgerichte

Süsses hinterher …

Autorenverzeichnis

Autorenverzeichnis

23 Mittwochsmaler wünschen "Guten Appetit"